Impressum
Verlag: BABADADA GmbH, Nedderfeld 112 , 22529 Hamburg
Geschäftsführer / Verlagsleitung: Harald Hof
Druck: Books on Demand GmbH, In de Tarpen 42, 22848 Norderstedt

Imprint
Publisher: BABADADA GmbH, Nedderfeld 112 , 22529 Hamburg, Germany
Managing Director / Publishing direction: Harald Hof
Print: Books on Demand GmbH, In de Tarpen 42, 22848 Norderstedt

# Šola
## 學校

Deljenje
除

186/2

Tabla
黑板

Razred
教室

Šolsko dvorišče
校園

Učitelj
老師

Papir
紙

Pisalo
筆

Pisalna miza
辦公桌

Ravnilo
直尺

Pisati
書寫

Knjiga
書

Učenec
學生

Šolska torba

書包

Peresnica

鉛筆盒

Svinčnik

鉛筆

Šilček

削鉛筆機

Radirka

橡皮擦

Risalni blok

畫板

Risba
圖畫

Čopič
畫筆

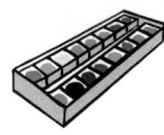

Vodene barvice
顏料盒

Škarje
剪刀

Lepilo
膠水

Zvezek
練習冊

Domača naloga
家庭作業

Število
數字

Seštevanje
加

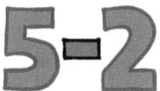

Odštevanje
減

Množenje
乘

Računanje
計算

Črka
字母

Abeceda
字母表

Beseda
字

Besedilo

課文

Brati

讀

Kreda

粉筆

Učna ura

上課

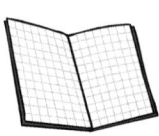

Redovalnica

登記

Preizkus znanja

考試

Spričevalo

證書

Šolska uniforma

校服

Izobrazba

教育

Enciklopedija

百科全書

Univerza

大學

Mikroskop

顯微鏡

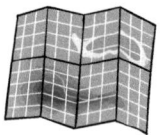

Zemljevid

地圖

Koš za smeti

廢紙簍

# Potovanje
# 旅行

Hotel
飯店
Grand
Hostel
青年旅社
ROOMS
Menjalnica
外幣兌換處
Kovček
手提箱
Avtomobil
汽車

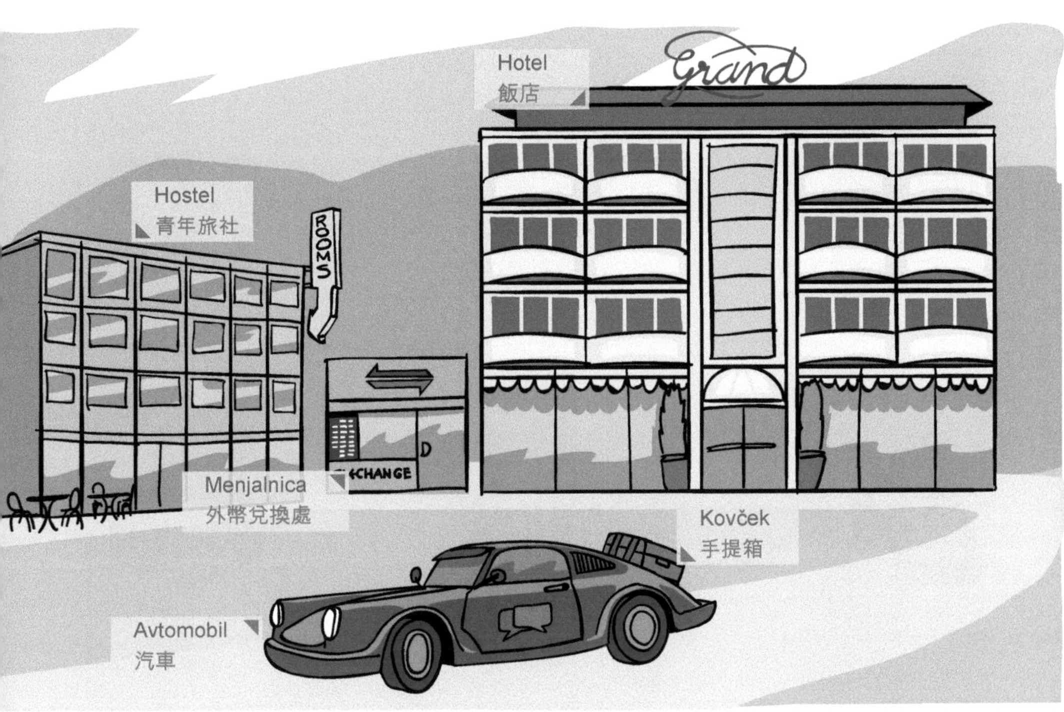

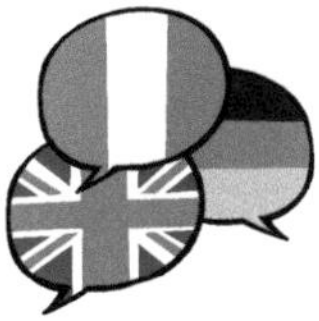

Jezik

語言

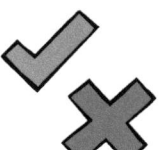

da / ne

是/否

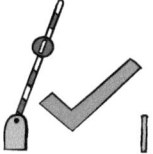

Prav

好的

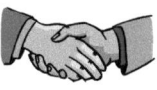

Pozdravljeni

您好

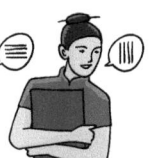

Prevajalec

翻譯人員

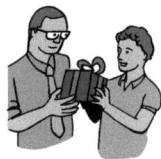

Hvala

謝謝

Koliko stane…?

……多少錢？

Ne razumem

我不明白

Težava

問題

Dober večer!

晚上好！

Dobro jutro!

早上好！

Lahko noč!

晚安！

Nasvidenje

再見

Smer

方向

Prtljaga

行李

Torba

包

Nahrbtnik

背包

Gost

客人

Soba

房間

Spalna vreča

睡袋

Šotor

帳篷

Turistične informacije

旅行資訊

Plaža

海灘

Kreditna kartica

信用卡

Zajtrk

早餐

Kosilo

午餐

Večerja

晚餐

Vozovnica

票

Dvigalo

電梯

Znamka

郵票

Meja

邊界

Carina

海關

Veleposlaništvo

大使館

Vizum

簽證

Potni list

護照

# Prevoz
## 交通運送

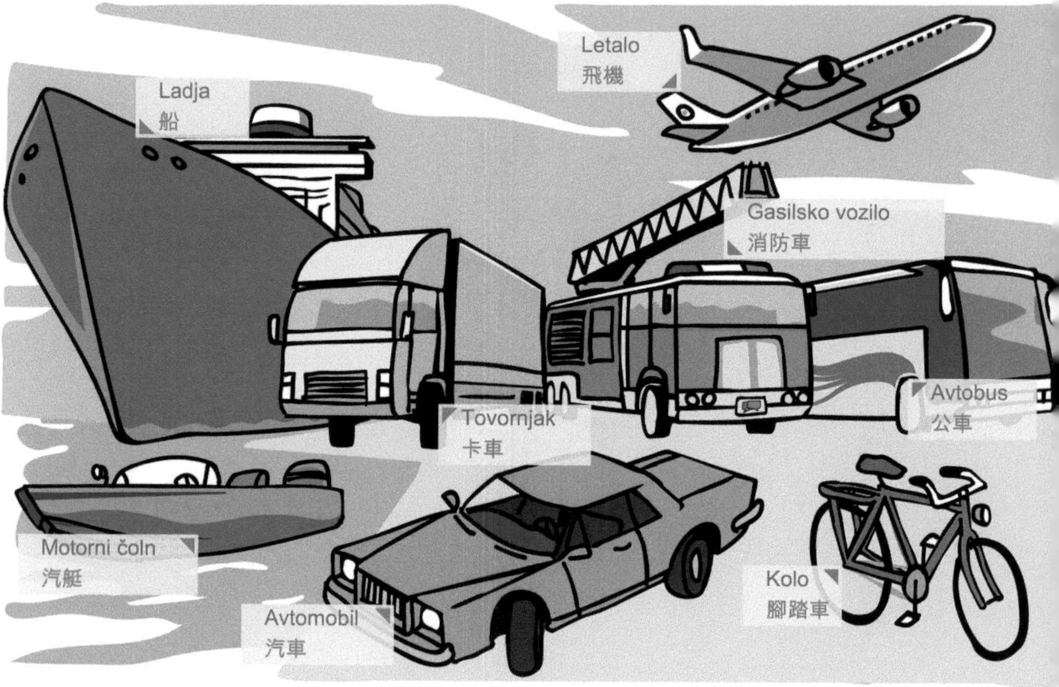

Letalo
飛機

Ladja
船

Gasilsko vozilo
消防車

Avtobus
公車

Tovornjak
卡車

Motorni čoln
汽艇

Avtomobil
汽車

Kolo
腳踏車

Trajekt
渡輪

Čoln
小船

Motorno kolo
機車

Policijski avto
警車

Dirkalni avto
賽車

Najeto vozilo
租車

Souporaba avtomobila

拼車

Avtovleka

拖車

Smetarsko vozilo

垃圾車

Motor

馬達

Gorivo

汽油

Bencinska postaja

加油站

Prometni znak

交通標識

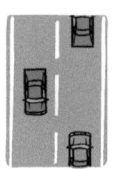

Promet

交通

Zastoj

交通堵塞

Parkirišče

停車場

Železniška postaja

火車站

Tirnice

軌道

Vlak

火車

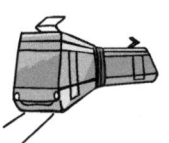

Tramvaj

路面電車

Vagon

客車廂

Helikopter

直升機

Letališče

機場

Stolp

塔

Potnik

乘客

Kontejner

集裝箱

Karton

紙板箱

Voziček

手推車

Košara

籃子

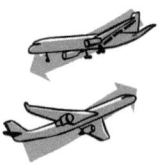

vzleteti / pristati

起飛/降落

## Mesto

## 城市

Vas

村莊

Mestno jedro

市中心

Hiša

房子

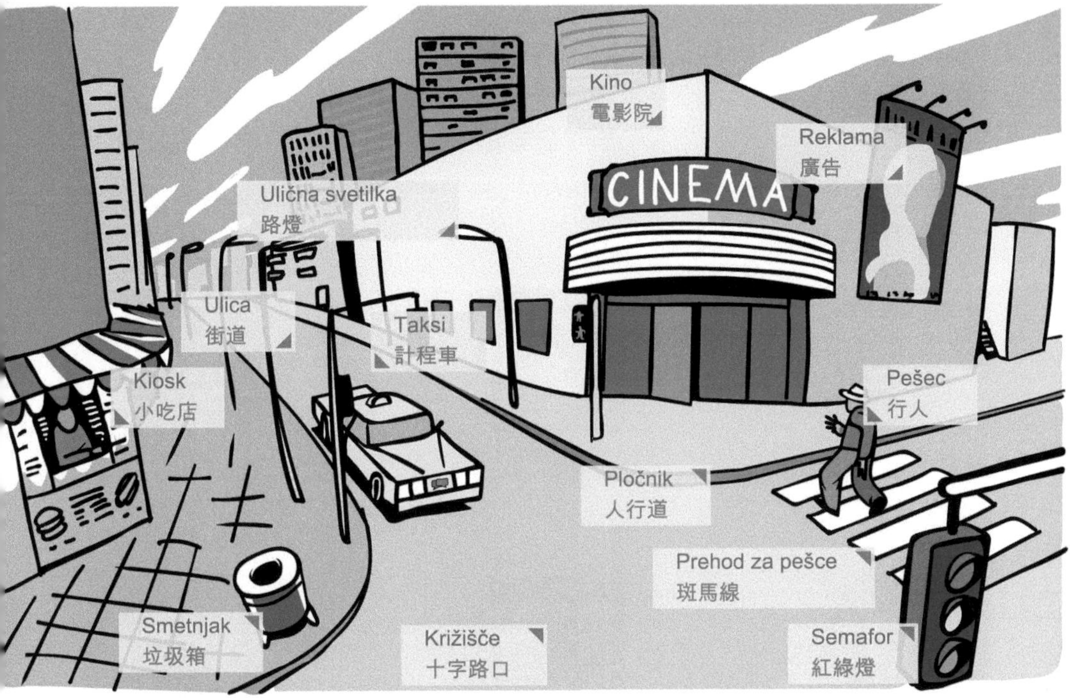

Kino
電影院

Reklama
廣告

Ulična svetilka
路燈

CINEMA

Ulica
街道

Taksi
計程車

Pešec
行人

Kiosk
小吃店

Pločnik
人行道

Prehod za pešce
斑馬線

Smetnjak
垃圾箱

Križišče
十字路口

Semafor
紅綠燈

Koča

小屋

Stanovanje

公寓

Železniška postaja

火車站

Mestna hiša

市政廳

Muzej

博物館

Šola

學校

Univerza

大學

Banka

銀行

Bolnišnica

醫院

Hotel

飯店

Lekarna

藥房

Pisarna

辦公室

Knjigarna

書店

Trgovina

商店

Cvetličarna

花店

Supermarket

超市

Tržnica

市場

Veleblagovnica

百貨商店

Ribarnica

魚店

Nakupovalno središče

購物中心

Pristanišče

海港

Park

公園

Klop

長凳

Most

橋

Stopnice

樓梯

Podzemna železnica

捷運

Predor

隧道

Avtobusno postajališče

公車站

Bar

酒吧

Restavracija

餐館

Poštni nabiralnik

郵筒

Ulična tabla

路標

Parkirna ura

停車計時器

Živalski vrt

動物園

Kopališče

游泳池

Mošeja

清真寺

**Kmetija**
農場

**Onesnaževanje**
污染

**Pokopališče**
墓地

**Cerkev**
教堂

**Otroško igrišče**
操場

**Tempelj**
寺廟

## Pokrajina
### 地形

List
樹葉

Kažipot
指示牌

Pot
路

Travnik
草地

Kamen
石頭

Drevo
樹

Pohodnik
徒步旅行者

Reka
河

Trava
草

Cvetlica
花

Dolina

峽谷

Hrib

丘陵

Jezero

湖

Gozd

森林

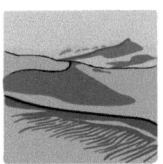

Puščava

沙漠

Vulkan

火山

Grad

城堡

Mavrica

彩虹

Goba

蘑菇

Palma

棕櫚樹

Komar

蚊子

Muha

蒼蠅

Mravlja

螞蟻

Čebela

蜜蜂

Pajek

蜘蛛

Hrošč

甲蟲

Žaba

青蛙

Veverica

松鼠

Jež

刺蝟

Zajec

野兔

Sova

貓頭鷹

Ptič

鳥

Labod

天鵝

Divji prašič

野豬

Jelen

鹿

Los

麋鹿

Jez

水壩

Vetrnica

風力發電機

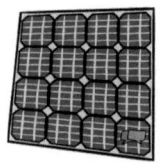

Solarna plošča

太陽能電池板

Podnebje

氣候

Natakar
服務生

Jedilnik
菜譜

Stol
椅子

Juha
湯

Pica
披薩餅

Pribor
餐具

Prt
桌布

**Predjed**
前菜

**Glavna jed**
主菜

**Sladica**
甜點

**Pijače**
飲料

**Hrana**
食物

**Steklenica**
瓶子

Hitra hrana

速食

Ulična hrana

街邊小吃

Čajnik

茶壺

Sladkornica

糖盒

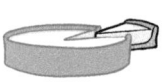

Porcija

一份飯菜

Aparat za espresso

義式咖啡機

Stolček za hranjenje

高腳椅

Račun

帳單

Pladenj

托盤

Nož

刀

Vilica

餐叉

Žlica

勺子

Čajna žlička

茶匙

Servieta

餐巾

Kozarec

玻璃杯

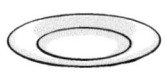

Krožnik

碟子

Globoki krožnik

湯盤

Krožniček

碟子

Omaka

醬

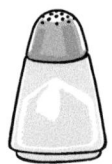

Solnica

鹽瓶

Mlinček za poper

胡椒研磨罐

Kis

醋

Olje

食用油

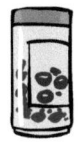

Začimbe

調味料

Kečap

番茄醬

Gorčica

芥末

Majoneza

美乃滋

# Supermarket

# 超市

Posebna ponudba
特價
FOR
Stranka
顧客
Mlečni izdelki
乳製品
Sadje
水果
Nakupovalni voziček
購物車


BUTCHERS


Mesnica

肉鋪

BAKERY


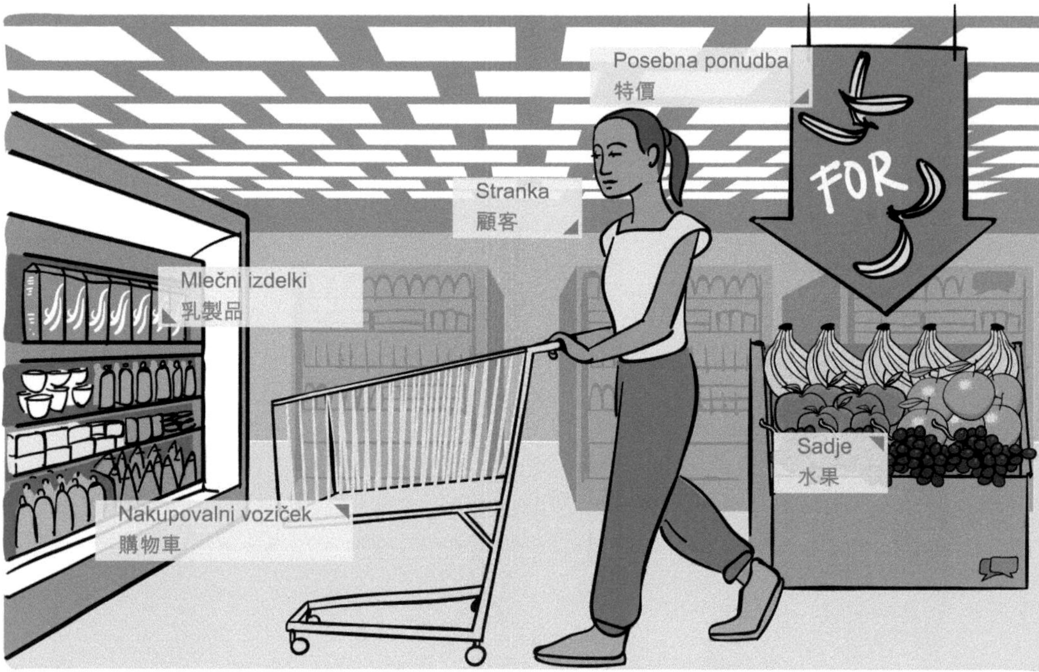

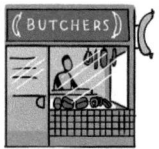

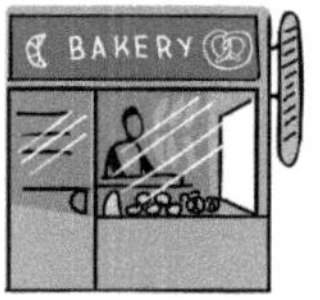

Pekarna

麵包店

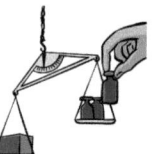

Tehtati

稱重

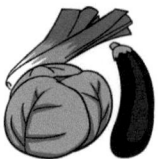

Zelenjava

蔬菜

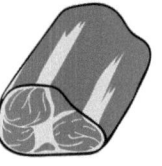

Meso

肉

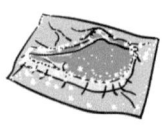

Zamrznjena hrana

冷凍食品

**Hladne mesnine**

冷盤

**Konzerve**

罐頭食品

**Pralni prašek**

洗衣粉

**Sladkarije**

甜食

**Gospodinjski izdelki**

日用品

**Čistilno sredstvo**

清潔用品

**Prodajalka**

銷售員

**Blagajna**

收銀機

**Blagajnik**

收銀員

**Nakupovalni seznam**

購物清單

**Delovni čas**

開放時間

**Denarnica**

錢包

**Kreditna kartica**

信用卡

**Torba**

袋子

**Plastična vrečka**

塑膠袋

Voda

水

Sok

果汁

Mleko

牛奶

Kola

可樂

Vino

紅酒

Pivo

啤酒

Alkohol

酒

Kakav

可可

Čaj

茶

Kava

咖啡

Espresso

義式濃縮咖啡

Kapučino

卡布奇諾

Banana

香蕉

Jabolko

蘋果

Pomaranča

柳丁

Lubenica

西瓜

Limona

檸檬

Korenje

胡蘿蔔

Česen

大蒜

Bambus

竹子

Čebula

洋蔥

Goba

蘑菇

Oreščki

堅果

Rezanci

麵條

**Špageti**

義大利麵

**Riž**

米飯

**Solata**

沙拉

**Ocvrt krompirček**

薯條

**Pečen krompir**

炸馬鈴薯

**Pica**

披薩餅

**Hamburger**

漢堡

**Sendvič**

三明治

**Zrezek**

炸豬排

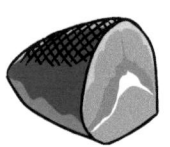

**Šunka**

火腿

**Salama**

義大利臘腸

**Klobasa**

香腸

**Piščanec**

雞肉

**Pečenka**

烤肉

**Riba**

魚

Ovseni kosmiči

燕麥片

Musli

木斯里

Koruzni kosmiči

玉米片

Moka

麵粉

Rogljiček

牛角麵包

Žemlja

麵包捲

Kruh

麵包

Prepečenec

吐司

Piškoti

餅乾

Maslo

奶油

Skuta

凝乳

Torta

蛋糕

Jajce

蛋

Pečeno jajce na oko

煎蛋

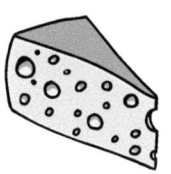

Sir

起司

Sladoled

冰淇淋

Sladkor

糖

Med

蜂蜜

Marmelada

果醬

Čokoladni namaz

巧克力醬

Kari

咖哩

# Kmetija
## 農場

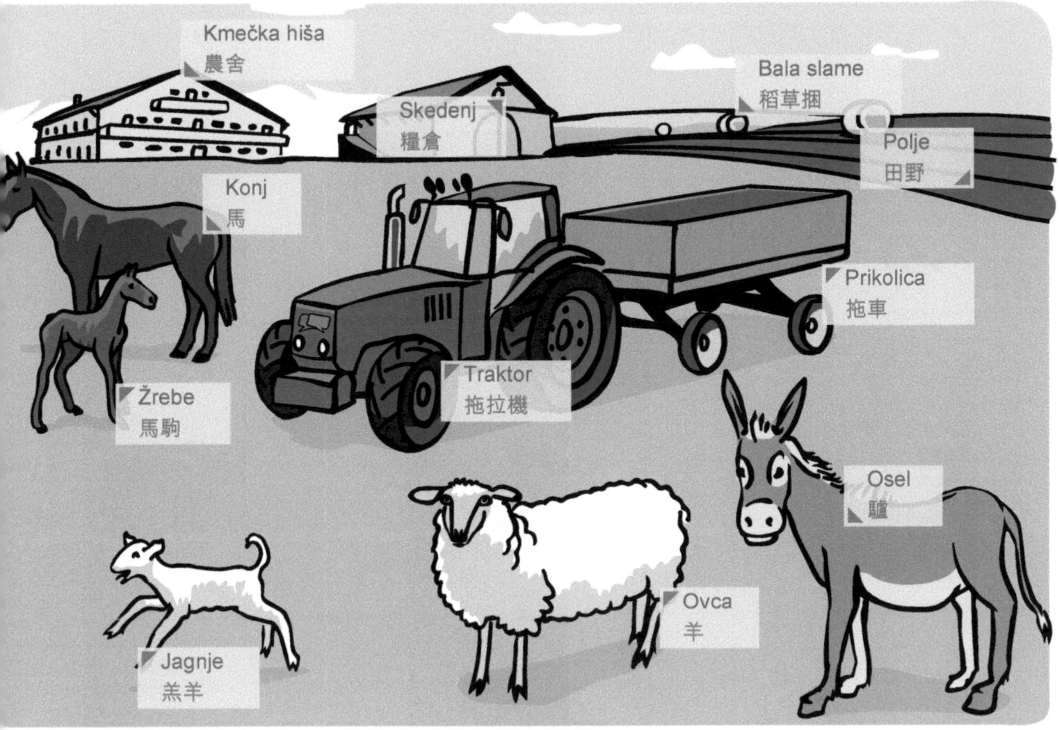
Kmečka hiša
農舍
Skedenj
糧倉
Bala slame
稻草捆
Polje
田野
Konj
馬
Prikolica
拖車
Traktor
拖拉機
Žrebe
馬駒
Osel
驢
Ovca
羊
Jagnje
羔羊

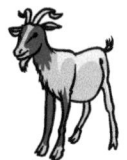

Koza

山羊

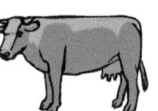

Krava

奶牛

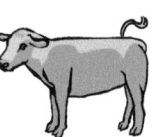

Tele

小牛

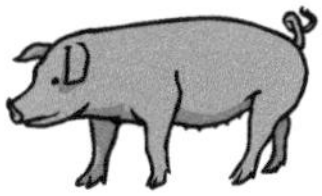

Prašič

豬

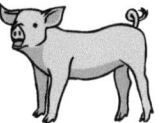

Pujsek

小豬

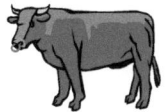

Bik

公牛

Gos

鵝

Raca

鴨

Piščanec

小雞

Kokoš

母雞

Petelin

公雞

Podgana

鼠

Mačka

貓

Miš

老鼠

Vol

牛

Pes

狗

Pasja uta

狗屋

Cev za zalivanje

花園澆水軟管

Kangla za zalivanje

澆水壺

Kosa

長柄大鐮刀

Plug

犁

Srp

鐮刀

Motika

鋤頭

Vile

長柄草耙

Sekira

斧頭

Samokolnica

獨輪手推車

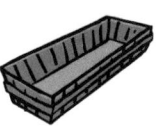

Korito

飼料槽

Kangla za mleko

牛奶罐

Vreča

麻布袋

Ograja

柵欄

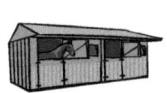

Hlev

馬廄

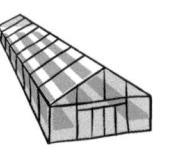

Rastlinjak

溫室

Prst

土壤

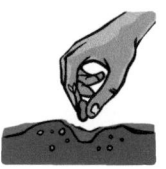

Seme

種子

Gnojilo

肥料

Kombajn

聯合收割機

Žeti

收割

Žetev

收割

Jam

地瓜

Pšenica

小麥

Soja

大豆

Krompir

土豆

Koruza

玉米

Oljna ogrščica

油菜籽

Sadno drevo

果樹

Maniok

樹薯

Žito

穀物

# Hiša
## 房子

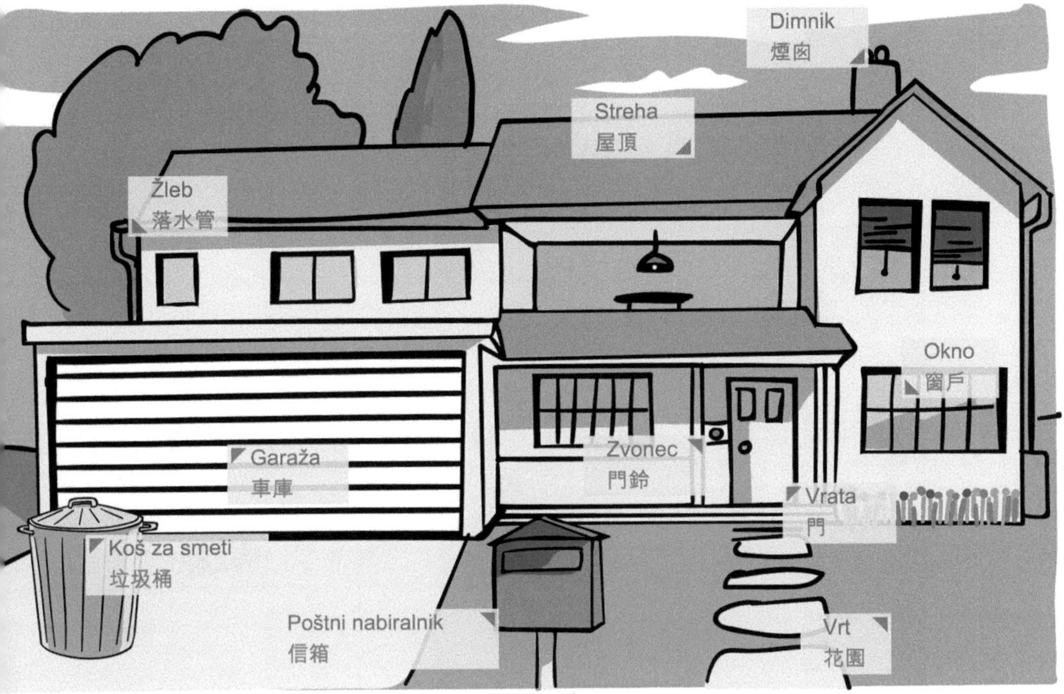
Dimnik
煙囪
Streha
屋頂
Žleb
落水管
Okno
窗戶
Garaža
車庫
Zvonec
門鈴
Vrata
門
Koš za smeti
垃圾桶
Poštni nabiralnik
信箱
Vrt
花園

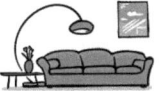

Dnevna soba
客廳

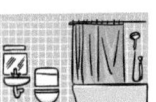

Kopalnica
浴室

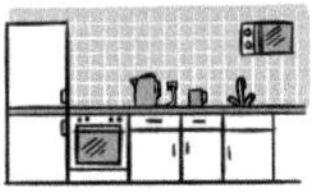

Kuhinja
廚房

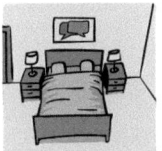

Spalnica
臥室

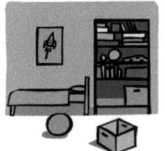

Otroška soba
兒童房

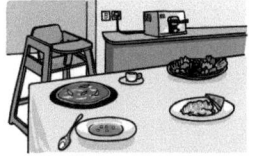

Jedilnica
餐廳

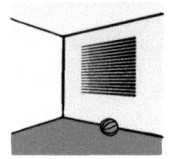

Tla

地板

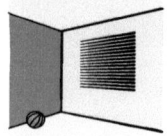

Stena

牆壁

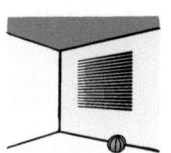

Strop

天花板

Klet

地窖

Savna

三溫暖

Balkon

陽臺

Terasa

露臺

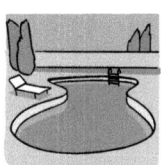

Bazen

游泳池

Kosilnica

割草機

Rjuha

被單

Posteljno pregrinjalo

床罩

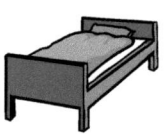

Postelja

床

Metla

掃帚

Vedro

水桶

Stikalo

開關

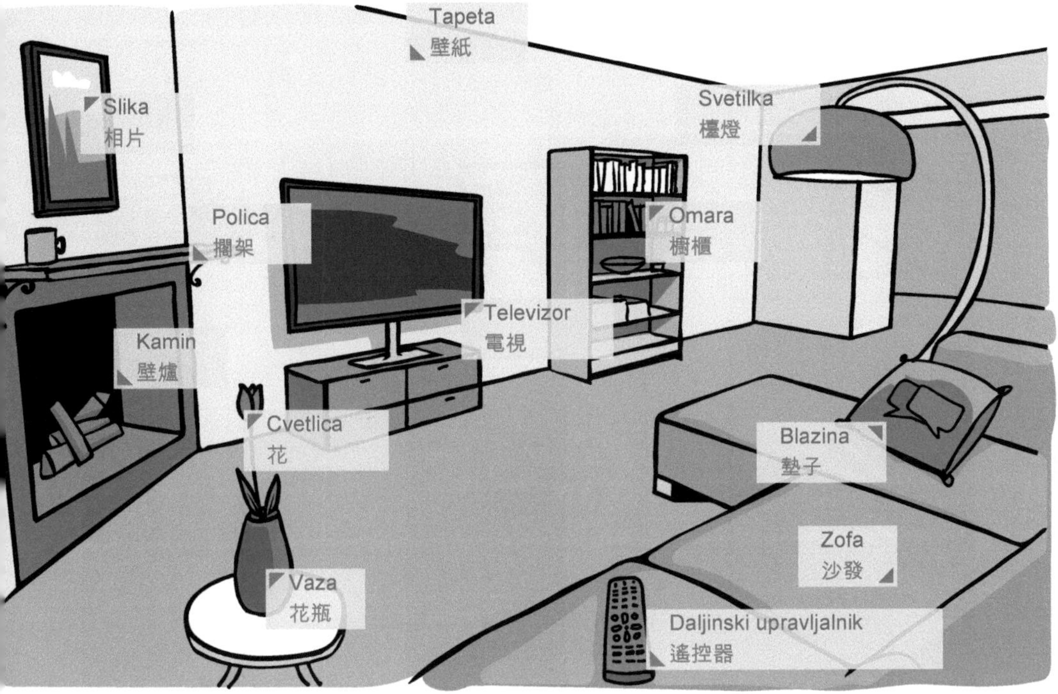

Tapeta 壁紙

Slika 相片

Svetilka 檯燈

Polica 攔架

Omara 櫥櫃

Kamin 壁爐

Televizor 電視

Cvetlica 花

Blazina 墊子

Zofa 沙發

Vaza 花瓶

Daljinski upravljalnik 遙控器

Preproga
地毯

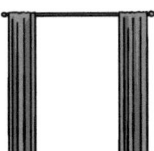

Zavesa
窗簾

Miza
餐桌

Stol
椅子

Gugalnik
搖椅

Naslanjač
扶手椅

**Knjiga**

書

**Odeja**

毯子

**Dekoracija**

裝飾品

**Drva**

木柴

**Film**

電影

**Glasbeni stolp**

高傳真音響

**Ključ**

鑰匙

**Časopis**

報紙

**Slika**

油畫

**Plakat**

海報

**Radio**

收音機

**Beležka**

筆記本

**Sesalnik**

吸塵器

**Kaktus**

仙人掌

**Sveča**

蠟燭

# Kuhinja
## 廚房

Hladilnik
冰箱
Mikrovalovna pečica
微波爐
Kuhinjska tehtnica
廚房秤
Opekač
烤麵包機
Detergent
洗潔精
Pečica
烤箱
Zamrzovalnik
冰櫃
Koš za smeti
垃圾桶
Pomivalni stroj
洗碗機


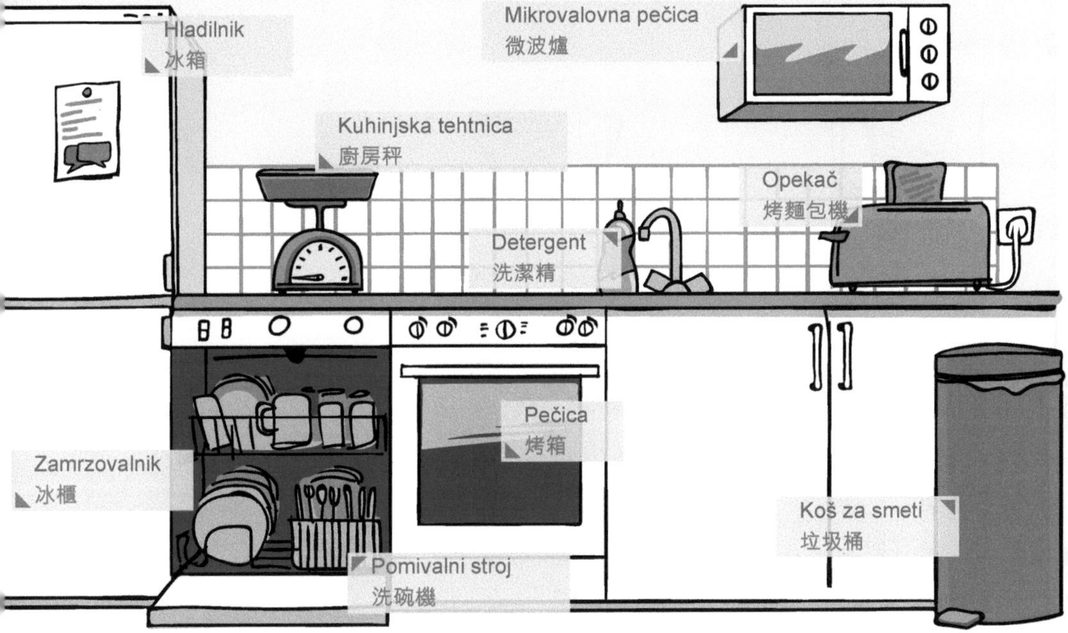

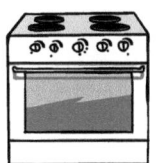

Kozica

炊具

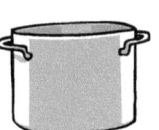

Lonec

鍋

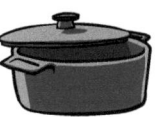

Litoželezni lonec

鑄鐵鍋

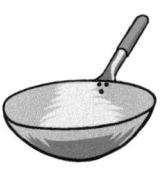

Vok / kadai

炒鍋

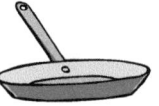

Ponev

平底鍋

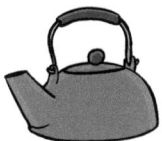

Kotliček

水壺

**Parni kuhalnik**

蒸鍋

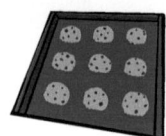

**Pekač**

烤盤

**Posoda**

陶瓷鍋

**Skodelica**

馬克杯

**Skleda**

碗

**Jedilne paličice**

筷子

**Zajemalka**

長柄勺

**Lopatica**

鏟子

**Metlica**

攪拌器

**Cedilnik**

濾網

**Cedilo**

篩子

**Strgalo**

磨碎機

**Možnar**

研缽

**Žar**

燒烤

**Ognjišče**

明火

Deska za rezanje

菜板

Valjar

擀麵杖

Odpirač za steklenice

開瓶器

Pločevinka

罐子

Odpirač za konzerve

開罐器

Prijemalka za posodo

隔熱手套

Korito

水槽

Ščetka

刷子

Goba

海綿

Mešalnik

攪拌機

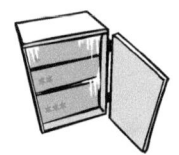

Zamrzovalna skrinja

冷藏箱

Steklenička

奶瓶

Pipa

水龍頭

# Kopalnica

## 浴室

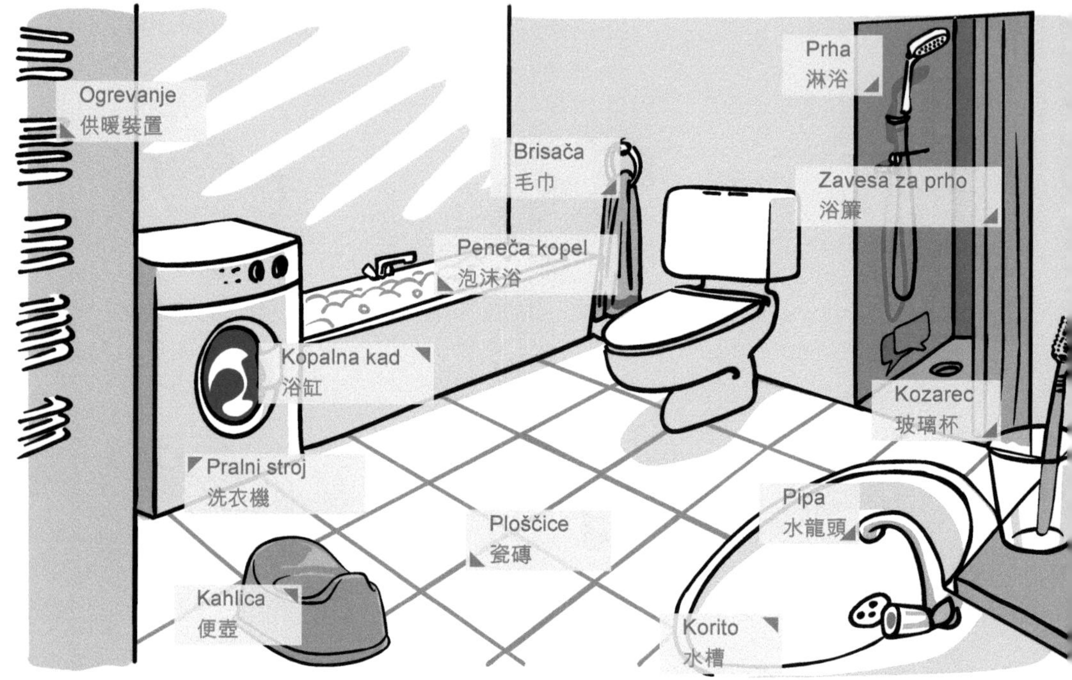
Ogrevanje
供暖裝置
Brisača
毛巾
Prha
淋浴
Zavesa za prho
浴簾
Peneča kopel
泡沫浴
Kopalna kad
浴缸
Kozarec
玻璃杯
Pralni stroj
洗衣機
Pipa
水龍頭
Ploščice
瓷磚
Kahlica
便壺
Korito
水槽

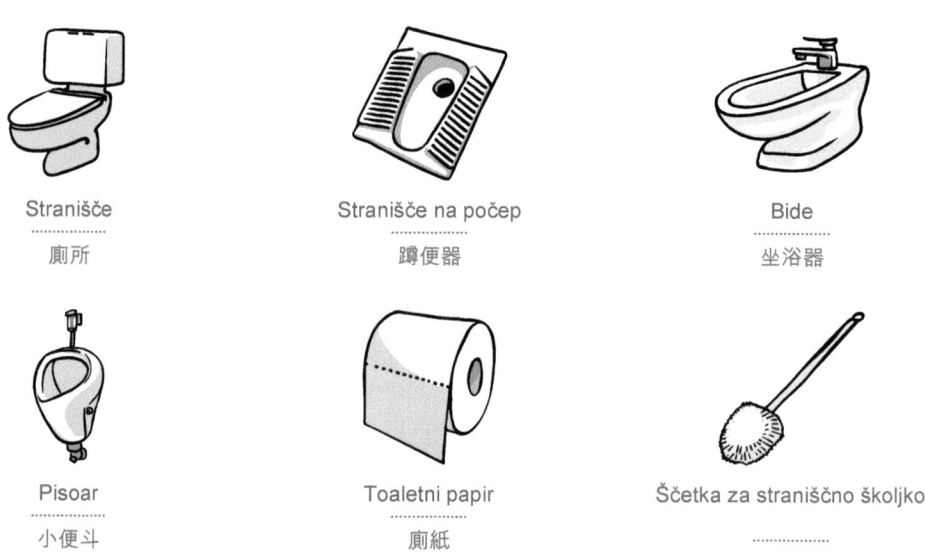

Stranišče

廁所

Stranišče na počep

蹲便器

Bide

坐浴器

Pisoar

小便斗

Toaletni papir

廁紙

Ščetka za straniščno školjko

馬桶刷

Zobna ščetka

牙刷

Zobna pasta

牙膏

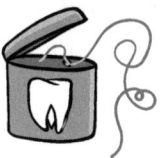

Zobna nitka

牙線

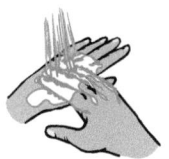

Umiti se

洗

Ročna prha

手持式蓮蓬頭

Prha za intimne dele

沖洗器

Umivalnik

洗臉盆

Krtača za hrbet

洗背刷

Milo

肥皂

Gel za prhanje

沐浴露

Šampon

洗髮乳

Krpica za miljenje

法蘭絨

Odtok

排水

Krema

乳霜

Deodorant

除臭劑

Ogledalo

鏡子

Ročno ogledalo

手鏡

Britvica

刮鬍刀

Pena za britje

刮鬍泡沫

Vodica po britju

鬍後水

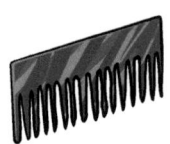

Glavnik

梳子

Ščetka

刷子

Sušilnik za lase

吹風機

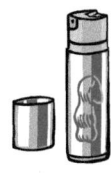

Lak za lase

噴髮定型劑

Ličila

化妝品

Šminka

唇膏

Lak za nohte

指甲油

Vatirane blazinice

化妝棉

Škarjice za nohte

指甲剪

Parfum

香水

Toaletna torbica

洗漱包

Stol brez naslonjala

凳子

Osebna tehtnica

計重秤

Kopalni plašč

浴袍

Gumijaste rokavice

橡膠手套

Tampon

衛生棉條

Damski vložki

衛生棉

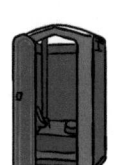

Kemično stranišče

化學廁所

# Otroška soba

## 兒童房

Budilka
鬧鐘
Plišasta igrača
毛絨玩具
Avtomobilček
玩具車
Ropotuljica
撥浪鼓
Hiška za punčke
玩具屋
Darilo
禮物


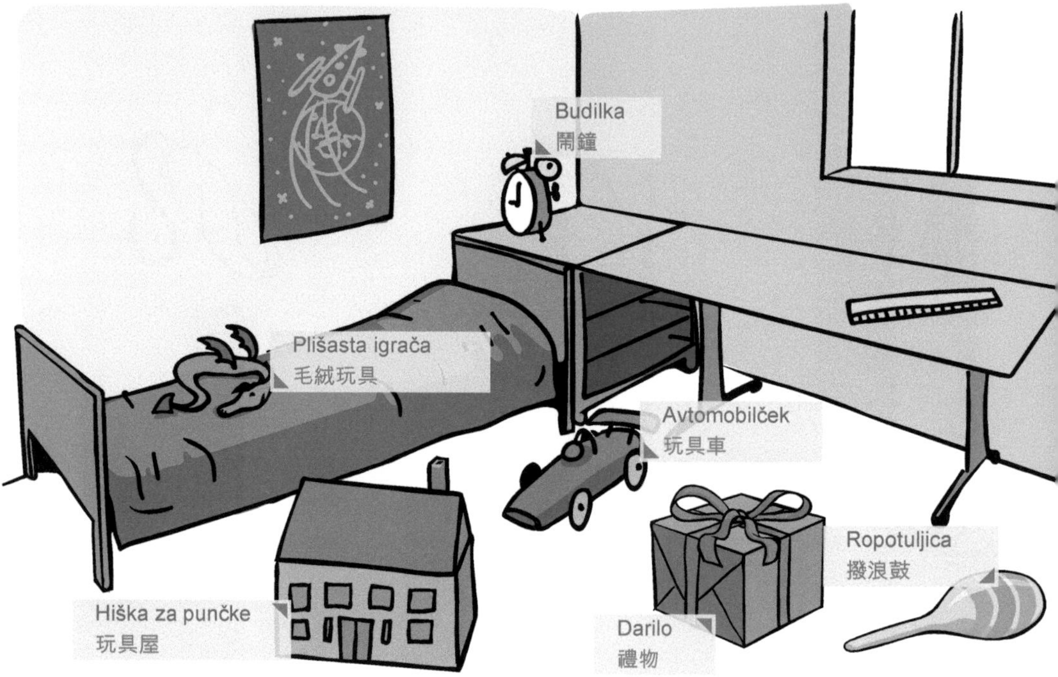

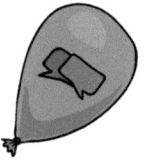

Balon

氣球

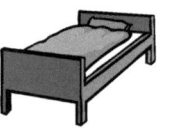

Postelja

床

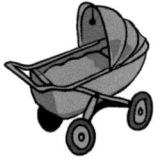

Otroški voziček

嬰兒車

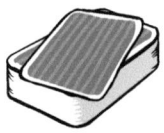

Igralne karte

撲克牌

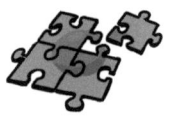

Sestavljanka

拼圖

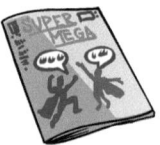

Strip

漫畫

**Lego kocke**

樂高積木

**Igralne kocke**

積木玩具

**Akcijska figura**

公仔

**Bodi**

嬰兒服

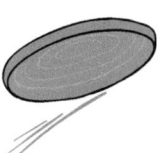

**Frizbi**

飛盤

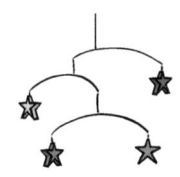

**Vrtiljak za posteljico**

床鈴玩具

**Namizna igra**

棋盤遊戲

**Kocka**

骰子

**Komplet modelov vlakov**

火車模型

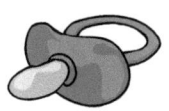

**Duda**

安撫奶嘴

**Zabava**

派對

**Slikanica**

繪本

**Žoga**

球

**Lutka**

洋娃娃

**Igrati se**

玩

Peskovnik

沙坑

Gugalnica

鞦韆

Igrače

玩具

Igralna konzola

電玩遊戲

Tricikel

三輪車

Plišasti medvedek

泰迪熊

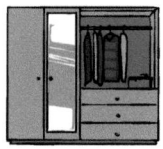

Garderoba

衣櫃

## Oblačilo

## 衣服

Nogavice

襪子

Samostoječe nogavice

長襪

Hlačne nogavice

緊身褲

Šal
圍巾

Dežnik
雨傘

Majica s kratkimi rokavi
T恤

Pas
皮帶

Škornji
靴子

Copati
拖鞋

Športni copati
運動鞋

Sandali

涼鞋

Čevlji

鞋

Gumijasti škornji

雨靴

Spodnje hlače

內褲

Modrček

胸罩

Telovnik

背心

Bodi

身體

Hlače

褲子

Kavbojke

牛仔褲

Krilo

短裙

Bluza

女式襯衫

Srajca

襯衫

Pulover

套頭衫

Pletena jopica

連帽上衣

Jopa

西裝夾克

Jakna

夾克

Plašč

外套

Dežni plašč

雨衣

Kostim

套裝

Obleka

連衣裙

Poročna obleka

婚紗

Obleka

西裝

Spalna srajca

睡袍

Pižama

睡衣

Sari

莎麗

Naglavna ruta

頭巾

Turban

包頭巾

Burka

波卡

Kaftan

卡夫坦

Abaja

(阿拉伯式)長袍

Kopalke

泳衣

Kopalne hlače

男式泳褲

Kratke hlače

短褲

Trenirka

運動服

Predpasnik

圍裙

Rokavice

手套

Gumb

鈕扣

Očala

眼鏡

Zapestnica

手鏈

Verižica

項鍊

Prstan

戒指

Uhan

耳環

Kapa

便帽

Obešalnik

衣架

Klobuk

帽子

Kravata

領帶

Zadrga

拉鍊

Čelada

安全帽

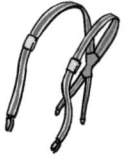

Naramnice

背帶

Šolska uniforma

校服

Uniforma

制服

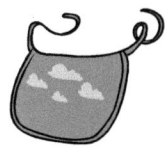

Slinček

圍兜

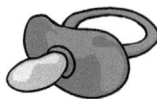

Duda

安撫奶嘴

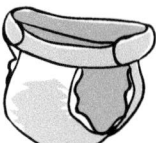

Plenica

尿布

# Pisarna

## 辦公室

Strežnik
伺服器
Kartotečna omara
檔案櫃
Tiskalnik
印表機
Papir
紙
Monitor
螢幕
Miška
滑鼠
Pisalna miza
辦公桌
Mapa
資料夾
Tipkovnica
鍵盤
Koš za smeti
廢紙簍
Računalnik
電腦
Stol
椅子


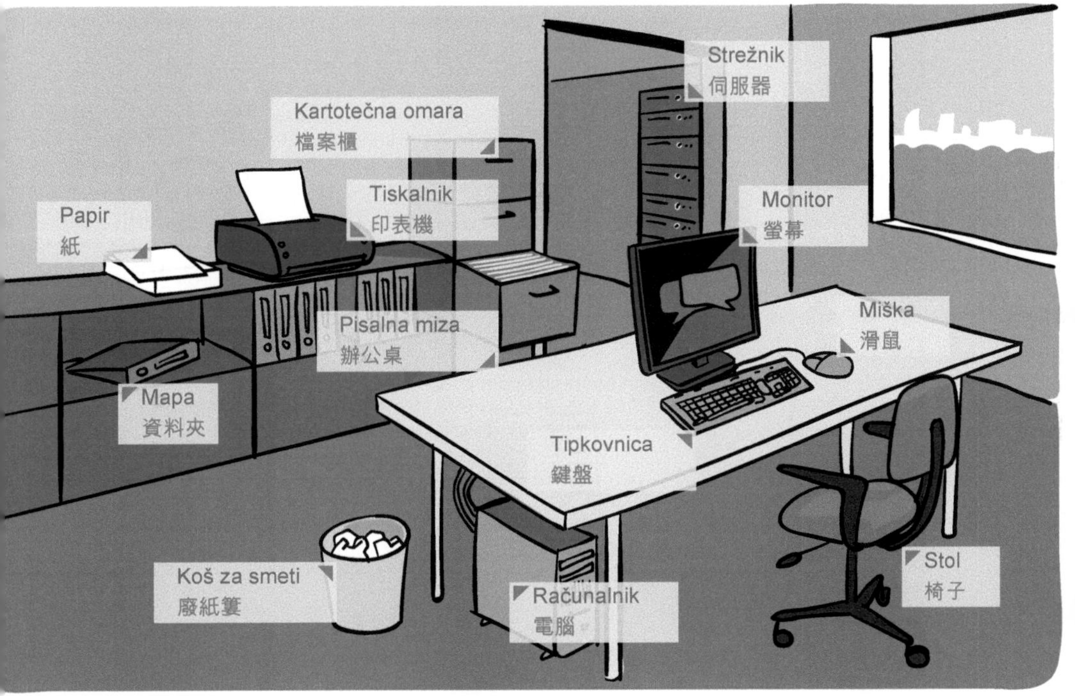

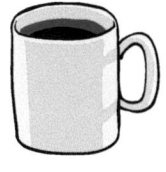

Lonček za kavo

咖啡杯

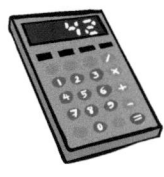

Kalkulator

計算機

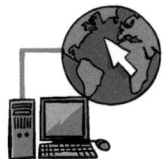

Internet

網際網路

Prenosnik

筆記型電腦

Pismo

信件

Sporočilo

簡訊

Mobilnik

行動電話

Omrežje

網路

Kopirni stroj

影印機

Programska oprema

軟體

Telefon

電話

Vtičnica

插座

Telefaks

傳真機

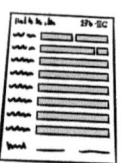

Obrazec

表格

Dokument

檔案

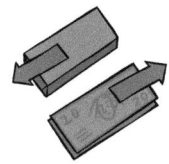

Kupiti

買

Plaćati

付錢

Trgovati

交易

Denar

現金

Dolar

美元

Evro

歐元

Jen

日元

Rubelj

盧布

Švičarski frank

瑞士法郎

Kitajski juan renminbi

人民幣

Rupija

盧比

Bankomat

提款處

Menjalnica

外幣兌換處

Zlato

金

Srebro

銀

Nafta

石油

Energija

能源

Cena

價格

Pogodba

合約

Davek

稅金

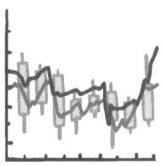

Delnice

股票

Delati

工作

Delojemalec

職員

Delodajalec

老闆

Tovarna

工廠

Trgovina

商店

# Poklici
## 職業

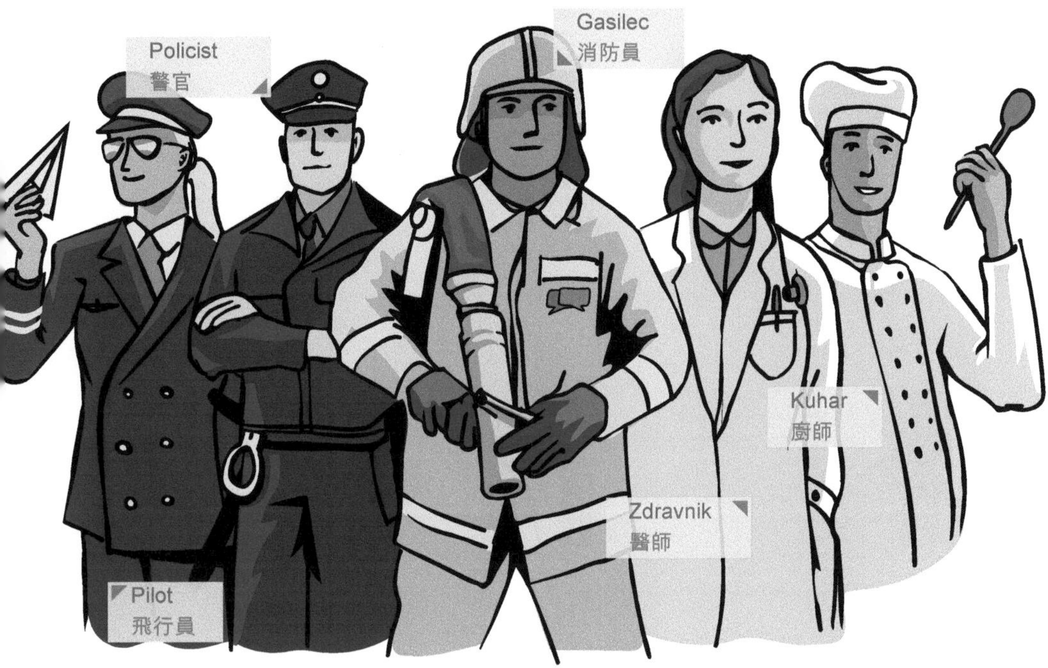
Policist
警官
Gasilec
消防員
Kuhar
廚師
Zdravnik
醫師
Pilot
飛行員

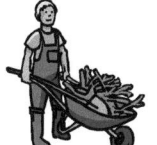

Vrtnar

園丁

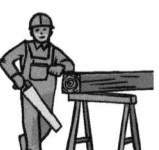

Mizar

木匠

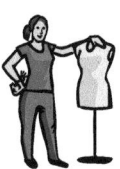

Šivilja

裁縫

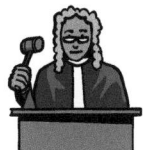

Sodnik

法官

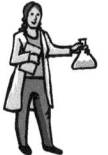

Kemik

化學家

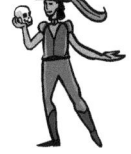

Igralec

演員

**Voznik avtobusa**

公車司機

**Taksist**

計程車司機

**Ribič**

漁夫

**Čistilka**

清洗女工

**Krovec**

屋頂工

**Natakar**

服務生

**Lovec**

獵人

**Pleskar**

畫家

**Pek**

麵包師

**Električar**

電工

**Gradbenik**

建築工人

**Inženir**

工程師

**Mesar**

屠夫

**Vodovodni inštalater**

水管工

**Poštar**

郵差

Vojak

士兵

Arhitekt

建築師

Blagajnik

收銀員

Cvetličar

花農

Frizer

理髮師

Sprevodnik

售票員

Mehanik

機械技師

Kapitan

船長

Zobozdravnik

牙醫

Znanstvenik

科學家

Rabin

拉比

Imam

伊瑪目

Menih

和尚

Duhovnik

牧師

# Orodje
## 工具

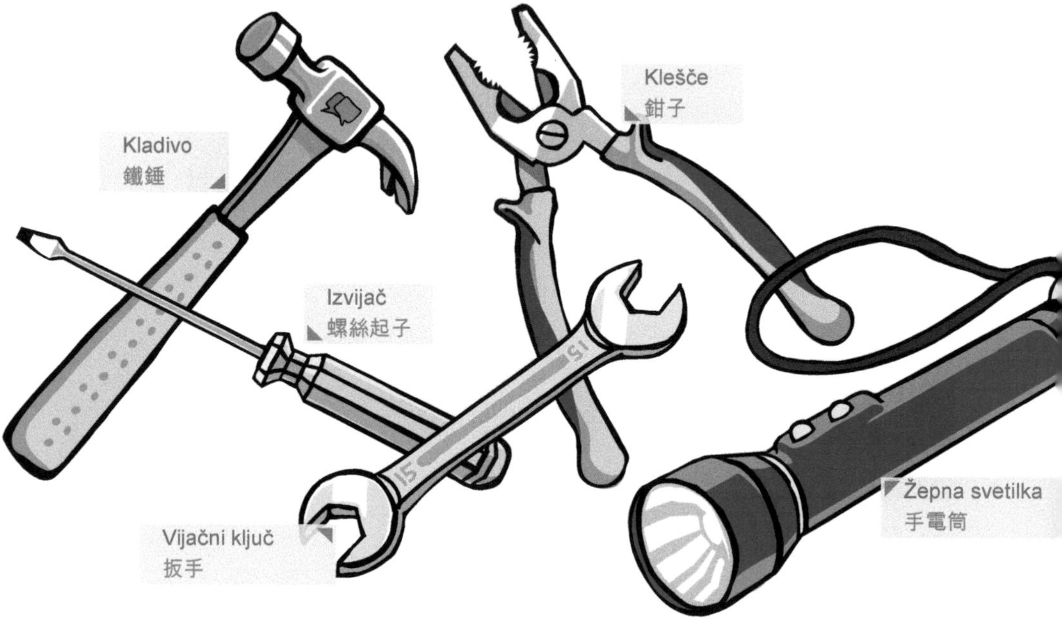

Kladivo
鐵錘
Klešče
鉗子
Izvijač
螺絲起子
Vijačni ključ
扳手
Žepna svetilka
手電筒


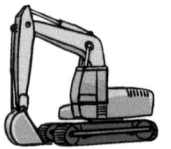

Bager
挖掘機

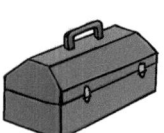

Zaboj z orodjem
工具箱

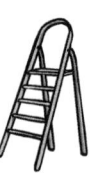

Lestev
梯子

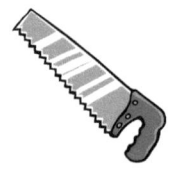

Žaga
鋸子

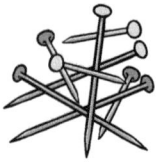

Žeblji
釘子

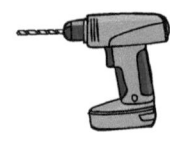

Vrtalnik
鑽機

Popraviti

修

Lopata

鏟子

Šment!

糟糕！

Smetišnica

畚箕

Posoda z barvo

油漆桶

Vijaki

螺絲

## Glasbeni instrument

### 樂器

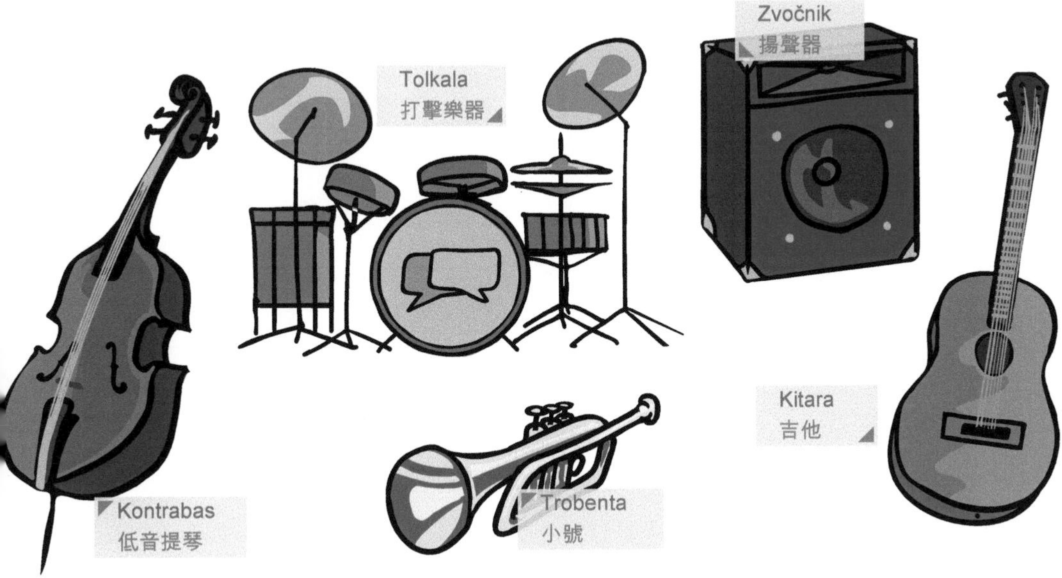

Tolkala
打擊樂器

Zvočnik
揚聲器

Kitara
吉他

Kontrabas
低音提琴

Trobenta
小號

Klavir

鋼琴

Violina

小提琴

Bas kitara

貝斯

Pavke

定音鼓

Bobni

鼓

Sintetizator

電子琴

Saksofon

薩克斯風

Flavta

長笛

Mikrofon

麥克風

# Živalski vrt
## 動物園

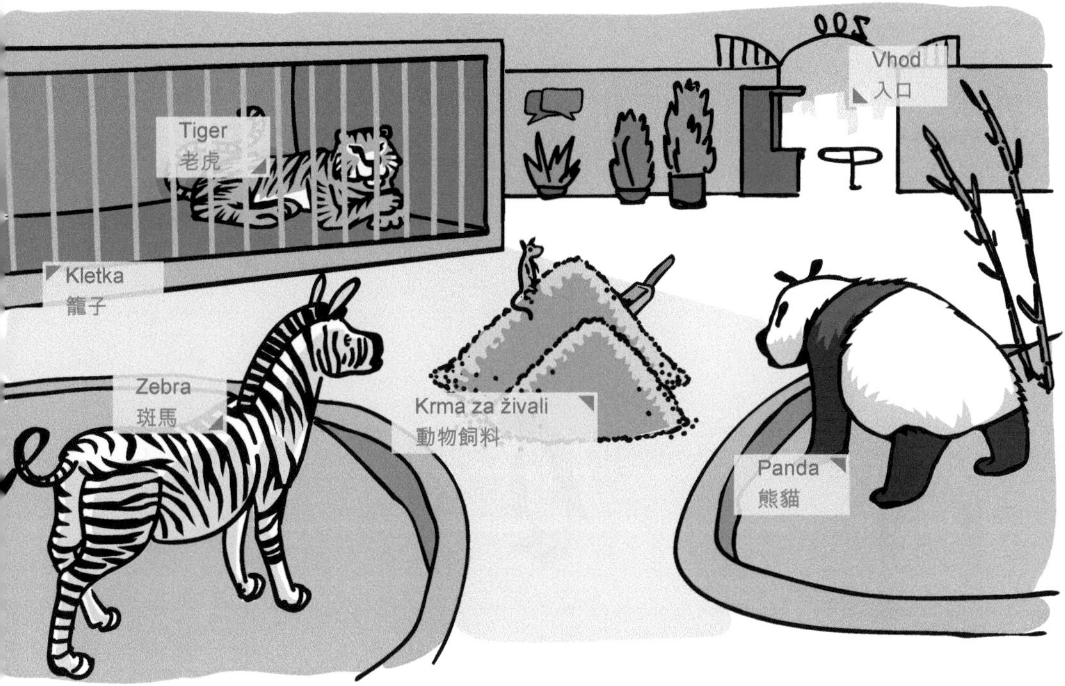
Vhod
入口
Tiger
老虎
Kletka
籠子
Zebra
斑馬
Krma za živali
動物飼料
Panda
熊貓

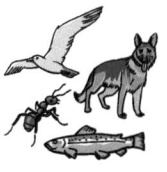

Živali

動物

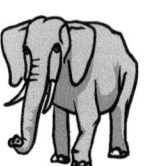

Slon

大象

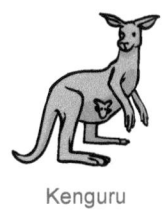

Kenguru

袋鼠

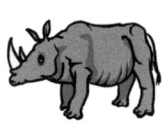

Nosorog

犀牛

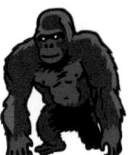

Gorila

大猩猩

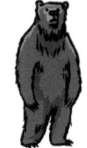

Medved

熊

Kamela

駱駝

Noj

鴕鳥

Lev

獅子

Opica

猴子

Plamenec

紅鶴

Papagaj

鸚鵡

Severni medved

北極熊

Pingvin

企鵝

Morski pes

鯊魚

Pav

孔雀

Kača

蛇

Krokodil

鱷魚

Oskrbnik v živalskem vrtu

動物園管理員

Tjulenj

海豹

Jaguar

美洲豹

Poni

矮種馬

Leopard

豹

Povodni konj

河馬

Žirafa

長頸鹿

Orel

老鷹

Divji prašič

野豬

Riba

魚

Želva

龜

Mrož

海象

Lisica

狐狸

Gazela

羚羊

Ameriški nogomet
橄欖球

Kolesarjenje
騎腳踏車

Tenis
網球

Košarka
籃球

Plavanje
游泳

Boks
拳擊

Hokej
冰球

Nogomet
......................
美式足球

Badminton
羽毛球

Atletika
......................
田徑

Rokomet
......................
手球

Smučanje
滑雪

Polo
......................
馬球

# Dejavnosti

## 活動

Smejati se
笑
Skočiti
跳
Objeti
擁抱
Hoditi
走路
Peti
唱
Sanjati
做夢
Moliti
祈禱
Poljubiti
親吻


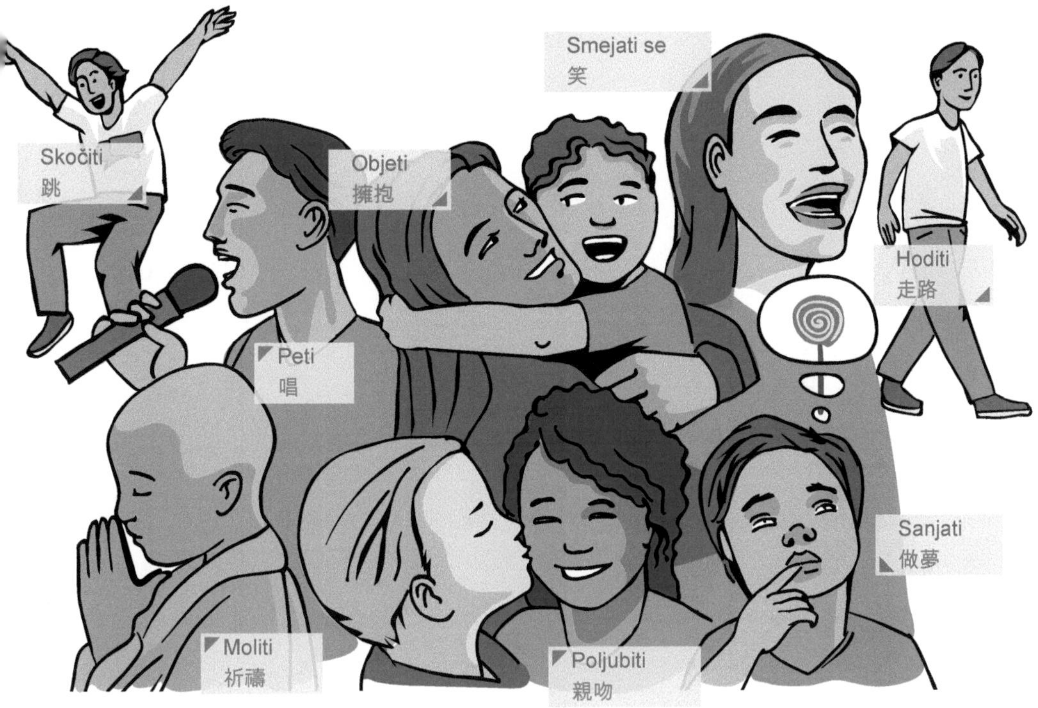

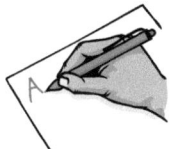

Pisati

書寫

Risati

畫

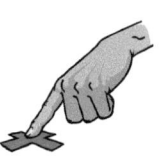

Pokazati

展示

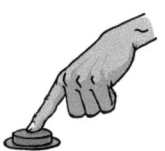

Potisniti

推

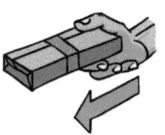

Dati

給

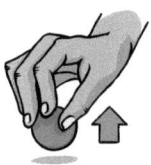

Vzeti

拿

Imeti

有

Narediti

做

Biti

當

Stati

站

Teči

跑

Vleči

拉

Vreči

丟

Pasti

摔倒

Ležati

躺

Čakati

等待

Nositi

攜帶

Sedeti

坐

Obleči se

穿衣

Spati

睡覺

Zbuditi se

醒來

**Gledati**

看

**Jokati**

哭

**Božati**

擊

**Česati se**

梳頭

**Govoriti**

交談

**Razumeti**

明白

**Vprašati**

問

**Poslušati**

聽

**Piti**

喝

**Jesti**

吃

**Pospraviti**

清理

**Ljubiti**

愛

**Kuhati**

做飯

**Voziti**

開車

**Leteti**

飛

Jadrati

航行

Računanje

計算

Brati

讀

Učiti se

學習

Delati

工作

Poročiti se

結婚

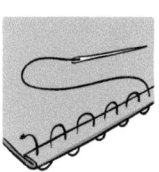

Šivati

縫

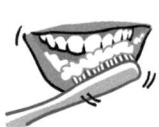

Ščetkati si zobe

刷牙

Ubiti

殺

Kaditi

抽菸

Poslati

寄

# Družina

## 家

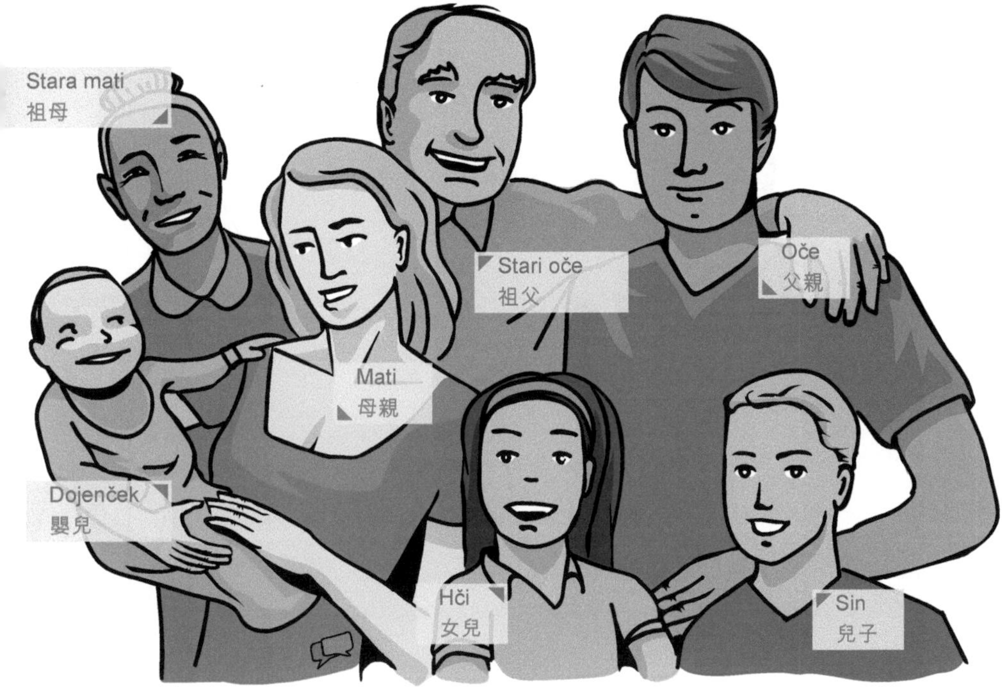
Stara mati
祖母
Stari oče
祖父
Oče
父親
Mati
母親
Dojenček
嬰兒
Hči
女兒
Sin
兒子

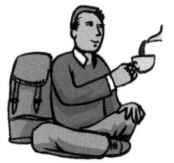

Gost

客人

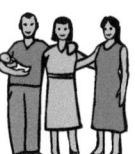

Teta

阿姨

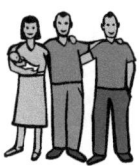

Stric

叔叔

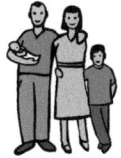

Brat

兄弟

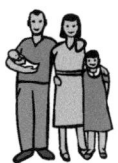

Sestra

姐妹

# Telo

## 身體

Čelo
前額
Oko
眼睛
Rama
肩膀
Prst
手指
Obraz
臉
Brada
下巴
Dlan
手
Prsi
乳房
Noga
腿
Roka
手臂


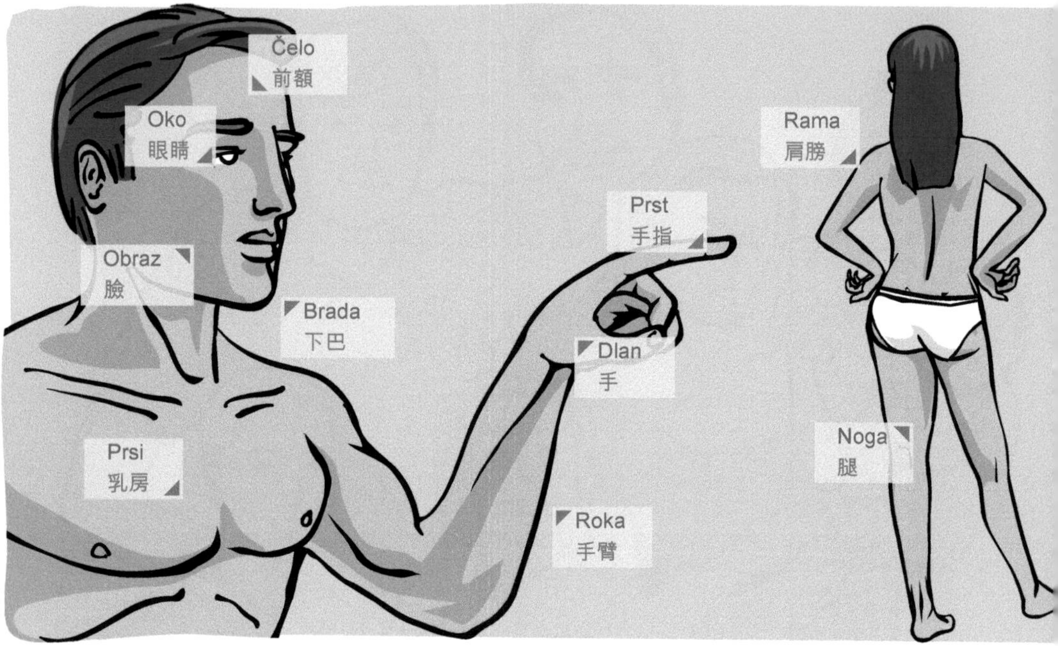

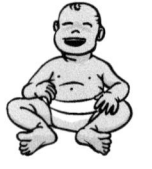

Dojenček

嬰兒

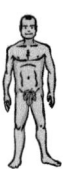

Človek

男人

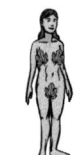

Ženska

女人

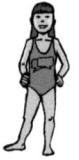

Dekle

女孩

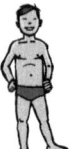

Fant

男孩

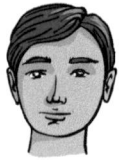

Glava

頭

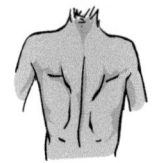

**Hrbet**

背部

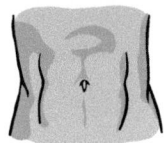

**Trebuh**

肚子

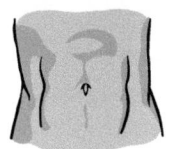

**Popek**

肚臍

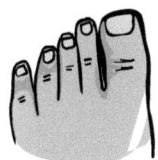

**Prst na nogi**

腳趾

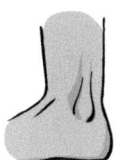

**Peta**

腳後跟

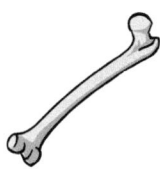

**Kost**

骨頭

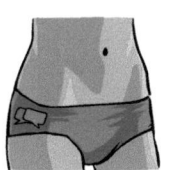

**Kolk**

臀部

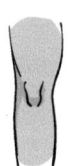

**Koleno**

膝蓋

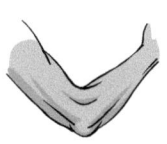

**Komolec**

手肘

**Nos**

鼻子

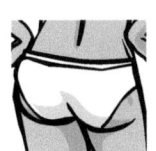

**Zadnjica**

屁股

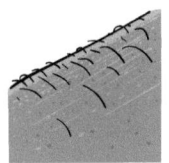

**Koža**

皮膚

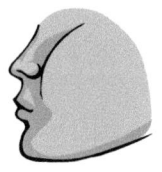

**Lice**

臉頰

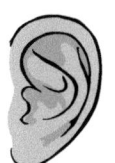

**Uho**

耳朵

**Ustnica**

嘴唇

Usta

嘴

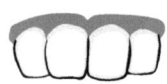

Zob

牙齒

Jezik

舌頭

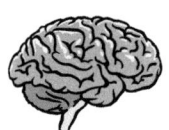

Možgani

腦

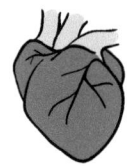

Srce

心臟

Mišica

肌肉

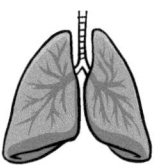

Pljuča

肺

Jetra

肝臟

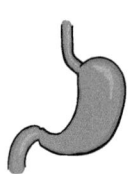

Želodec

胃

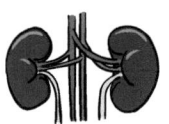

Ledvice

腎臟

Spolni odnos

性交

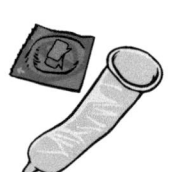

Kondom

保險套

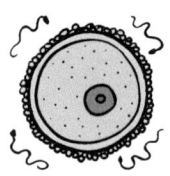

Jajčece

卵子

Semenska tekočina

精子

Nosečnost

懷孕

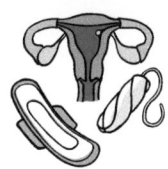

Menstruacija

月事

Vagina

陰道

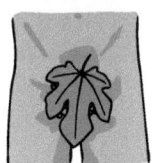

Penis

陰莖

Obrv

眉毛

Lasje

頭髮

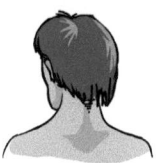

Vrat

脖子

# Bolnišnica
## 醫院

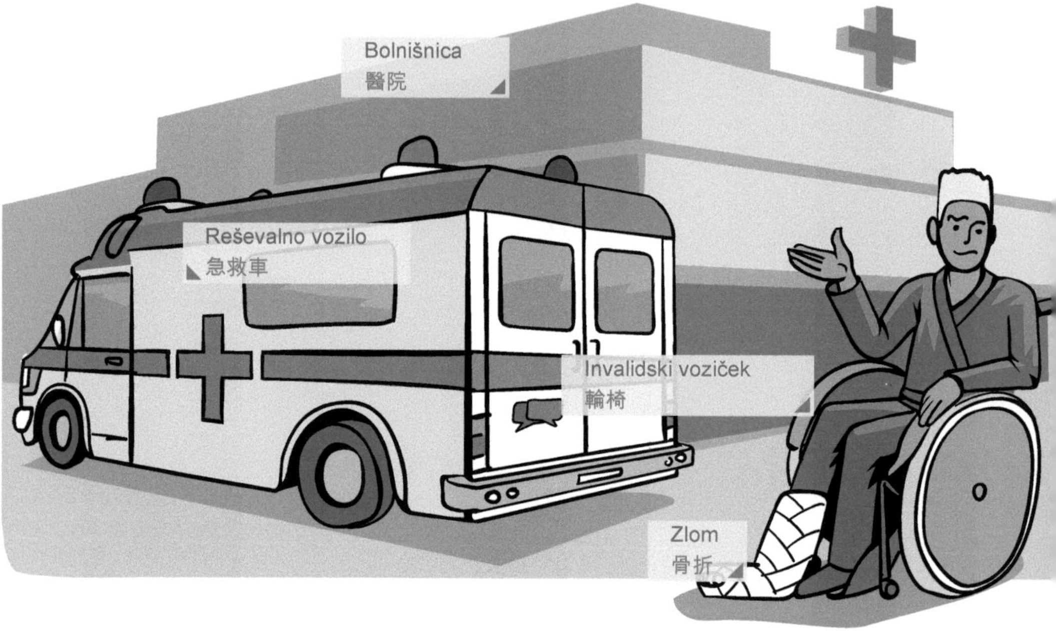

Bolnišnica
醫院
Reševalno vozilo
急救車
Invalidski voziček
輪椅
Zlom
骨折


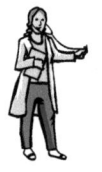

Zdravnik
醫師

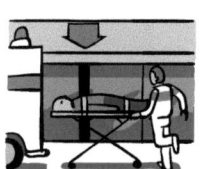

Urgenca
急診室

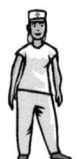

Medicinska sestra
護理師

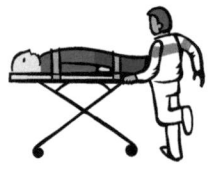

Nujni primer
緊急情形

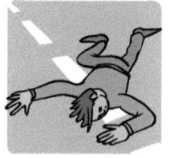

Nezavesten
昏迷

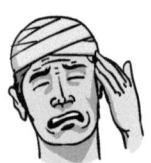

Bolečina
痛

**Poškodba**

受傷

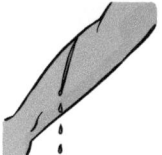

**Krvavenje**

出血

**Srčni infarkt**

心臟病發作

**Kap**

中風

**Alergija**

過敏

**Kašelj**

咳嗽

**Vročina**

發燒

**Gripa**

流感

**Driska**

腹瀉

**Glavobol**

頭痛

**Rak**

癌症

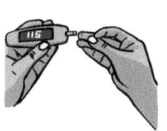

**Sladkorna bolezen**

糖尿病

**Kirurg**

外科醫師

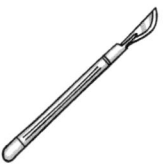

**Skalpel**

手術刀

**Operacija**

手術

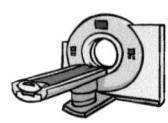

CT

電腦斷層掃描

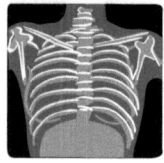

Rentgen

X光

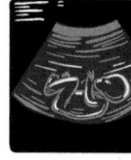

Ultrazvok

超音波

Obrazna maska

口罩

Bolezen

疾病

Čakalnica

候診室

Bergla

拐杖

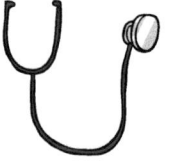

Obliž

石膏

Preveza

繃帶

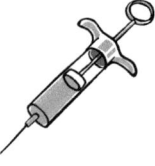

Injekcija

注射

Stetoskop

聽診器

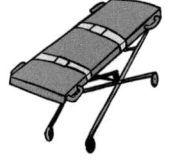

Nosila

擔架

Klinični termometer

體溫計

Porod

出生

Prekomerna teža

超重

Slušni pripomoček

助聽器

Razkužilo

消毒液

Okužba

感染

Virus

病毒

HIV / AIDS

愛滋病

Medicina

藥物

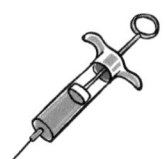

Cepljenje

接種疫苗

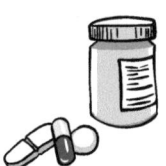

Tablete

藥片

Tableta

藥丸

Klic v sili

急救電話

Merilnik krvnega tlaka

血壓計

bolano / zdravo

生病/健康

Alarm

警報

Napad

突擊

Napad

攻擊

Nevarnost

危險

Izhod v sili

緊急出口

Na pomoč!

救命！

Gori!

失火了！

Gasilni aparat

滅火器

Nezgoda

意外

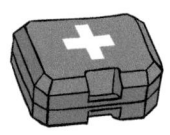

Komplet za prvo pomoč

急救箱

SOS

呼救訊號

Policija

員警

Evropa

歐洲

Severna Amerika

北美洲

Južna Amerika

南美洲

Afrika

非洲

Azija

亞洲

Avstralija

澳洲

Atlantski ocean

大西洋

Tihi ocean

太平洋

Indijski ocean

印度洋

Južni ocean

南冰洋

Arktični ocean

北冰洋

Severni tečaj

北極

Južni tečaj

南極

Antarktika

南極洲

Zemlja

地球

Kopno

陸地

Morje

海

Otok

島

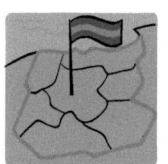

Narod

國家

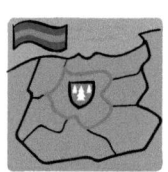

Država

州

Številčnica

錶盤

Urni kazalec

時針

Minutni kazalec

分針

Sekundni kazalec

秒針

Koliko je ura?

現在幾點？

Dan

天

Čas

時間

Zdaj

現在

Digitalna ura

電子錶

Minuta

分

Ura

時

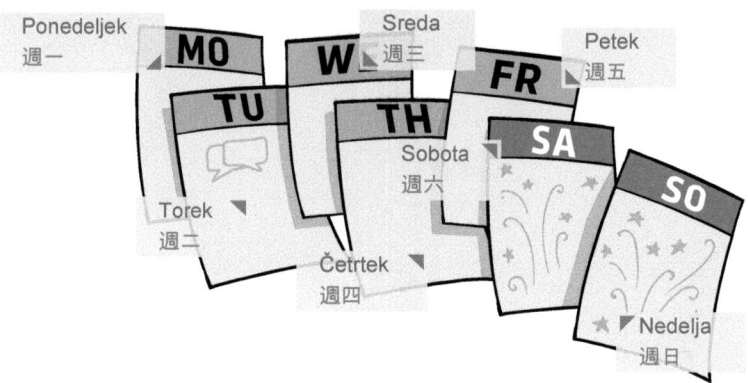

Ponedeljek 週一

Sreda 週三

Petek 週五

Torek 週二

Četrtek 週四

Sobota 週六

Nedelja 週日

Včeraj

昨天

Danes

今天

Jutri

明天

Jutro

早晨

Poldne

中午

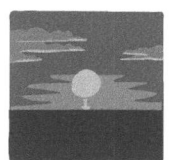

Večer

晚上

Delovni dnevi

工作日

Konec tedna

週末

# Leto
## 年

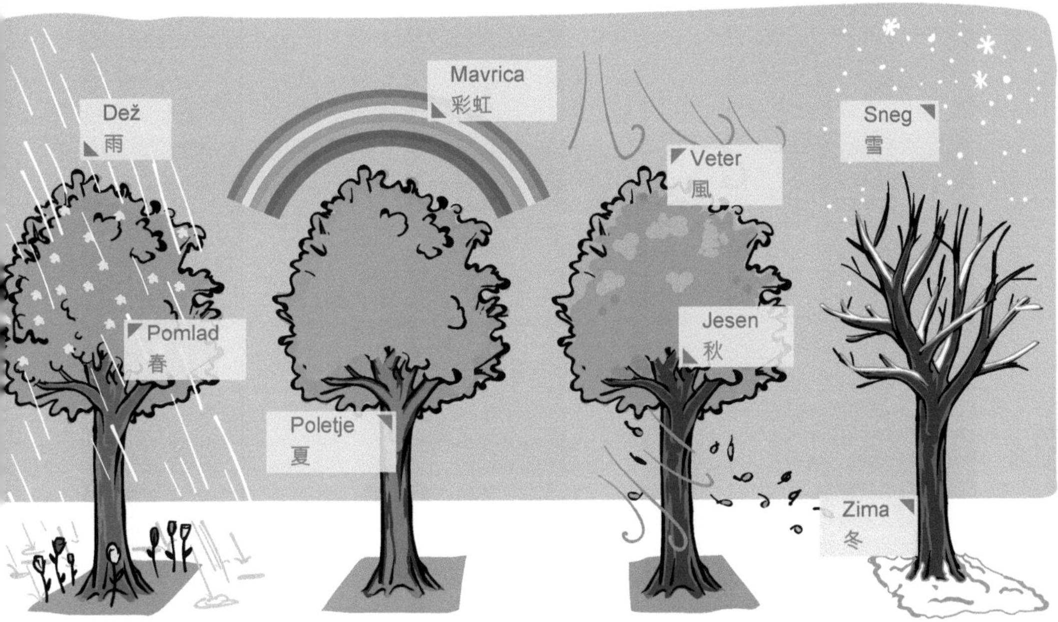
Dež
雨
Mavrica
彩虹
Veter
風
Sneg
雪
Pomlad
春
Poletje
夏
Jesen
秋
Zima
冬

4.APRIL 11°
5.APRIL 4°
6.APRIL 13°
7.APRIL 8°
8.APRIL 10°

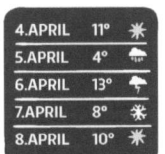

Vremenska napoved

天氣預告

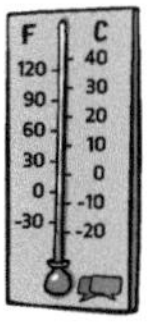

Termometer

溫度計

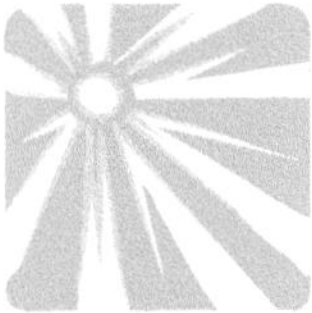

Sončna svetloba

陽光

Oblak

雲

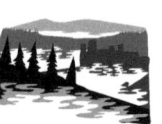

Megla

霧

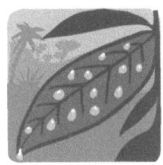

Vlažnost

潮濕

Strela

閃電

Grom

打雷

Nevihta

風暴

Toča

冰雹

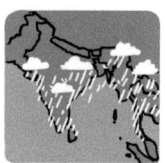

Monsun

季風

Poplava

洪水

Led

冰

Januar

一月

Februar

二月

Marec

三月

April

四月

Maj

五月

Junij

六月

Julij

七月

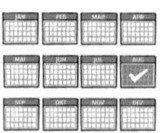

Avgust

八月

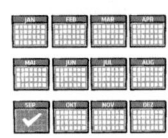

September

九月

Oktober

十月

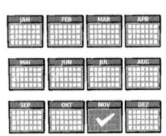

November

十一月

December

十二月

## Oblike

形狀

Krogla

圓形

Kvadrat

正方形

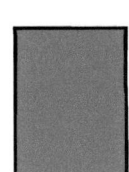

Pravokotnik

長方形

Trikotnik

三角形

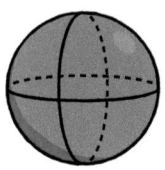

Krogla

球體

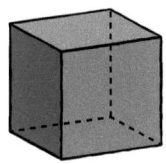

Kocka

立方體

# Barve
## 顔色

Bela

白

Rumena

黃

Oranžna

橙

Rožnata

粉

Rdeča

紅

Vijolična

紫

Modra

藍

Zelena

綠

Rjava

棕

Siva

灰

Črna

黑

veliko / malo

很多/少許

jezno / umirjeno

生氣/平靜

lepo / grdo

美/醜

začetek / konec

首/尾

veliko / majhno

大/小

svetlo / temno

明/暗

brat / sestra

兄弟/姐妹

čisto / umazano

乾淨/骯髒

popolno / nepopolno

完整/缺失

dan / noč

白天/晚上

mrtvo / živo

死/生

široko / ozko

寬/窄

užitno / neužitno

可食用/非食用

zlobno / prijazno

邪惡/善良

vznemirjeno / zdolgočaseno

興奮/無聊

debelo / vitko

胖/瘦

prvo / zadnje

第一/最後

prijatelj / sovražnik

朋友/敵人

polno / prazno

滿/空

trdo / mehko

硬/軟

težko / lahko

重/輕

lakota / žeja

餓/渴

bolano / zdravo

生病/健康

nezakonito / zakonito

非法/合法

pametno / neumno

聰明/愚笨

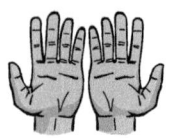

levo / desno

左/右

blizu / daleč

近/遠

novo / rabljeno

新/舊

nič / nekaj

沒有/有些

staro / mlado

老/幼

vklopljeno / izklopljeno

開/關

odprto / zaprto

打開/闔上

tiho / glasno

安靜/吵鬧

bogato / revno

富/窮

prav / narobe

對/錯

grobo / gladko

粗糙/光滑

žalostno / veselo

傷心/高興

kratko / dolgo

短/長

počasi / hitro

慢/快

mokro / suho

濕/乾

toplo / hladno

溫暖/涼爽

vojna / mir

戰爭/和平

| **0** | **1** | **2** |
|:---:|:---:|:---:|
| Ničla | Ena | Dva |
| 零 | 一 | 二 |
| **3** | **4** | **5** |
| Tri | Štiri | Pet |
| 三 | 四 | 五 |
| **6** | **7** | **8** |
| Šest | Sedem | Osem |
| 六 | 七 | 八 |
| **9** | **10** | **11** |
| Devet | Deset | Enajst |
| 九 | 十 | 十一 |

**12**

Dvanajst

十二

**13**

Trinajst

十三

**14**

Štirinajst

十四

**15**

Petnajst

十五

**16**

Šestnajst

十六

**17**

Sedemnajst

十七

**18**

Osemnajst

十八

**19**

Devetnajst

十九

**20**

Dvajset

二十

**100**

Sto

百

**1.000**

Tisoč

千

**1.000.000**

Milijon

百萬

Števila - 數字

Angleščina

英語

Ameriška angleščina

美式英語

Mandarinščina

普通話

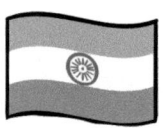

Hindujščina

印地語

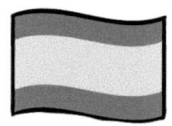

Španščina

西班牙語

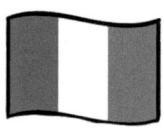

Francoščina

法語

Arabščina

阿拉伯語

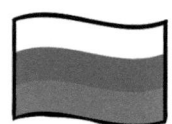

Ruščina

俄語

Portugalščina

葡萄牙語

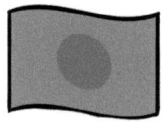

Bengalščina

孟加拉語

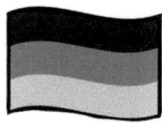

Nemščina

德語

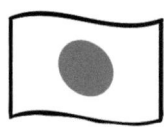

Japonščina

日語

Jaz

我

Ti

你

On / ona / tisto

他/她/它

Mi

我們

Vi

你們

Oni

他們

Kdo?

誰？

Kaj?

什麼？

Kako?

如何？

Kje?

何處？

Kdaj?

何時？

Ime

名字

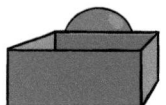

Zadaj

後面

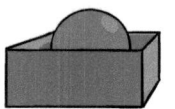

V

裡面

Pred

前面

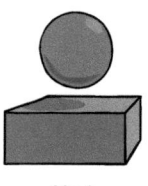

Nad

上方

Na

上面

Pod

下麵

Poleg

旁邊

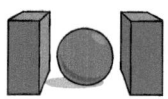

Med

中間

Kraj

地點